AF250560

CATHÉCHISME

DE

L'ÉLECTEUR GIRONDIN

Par DUTILH.

BORDEAUX

IMP. DUVERDIER & Cie DURAND, DIRECTEUR, RUE GOUVION, 7.

—

1870

CATHÉCHISME

DE

L'ÉLECTEUR GIRONDIN

Après des siècles d'humiliations, d'impuissance et de désespoir, la science se répandit chez un grand nombre ; il y a cent ans, ce fut l'heure solennelle où la liberté, renfermée dans cette larve ignoble du moyen-âge et des siècles suivants, prit son essor sublime. Altière et fougueuse, elle brisa dans ses énergiques efforts toutes les entraves, mais les temps ne sont pas encore mûrs : elle succombe, se débat violemment et disparaît.

Aujourd'hui les hommes sont-ils prêts à la recevoir?

L'avenir répondra : à mon avis, le peuple est encore trop ignorant.

Souffrances à l'intérieur, guerres à l'extérieur, voilà les cadeaux de la royauté. L'impassibilité du peuple provoque la tyrannie, et arrive l'instant fatal où le maître, à l'aide des misérables qu'il a gorgés des dépouilles du peuple, prend devers soi le droit de déclarer la guerre. Infaillibilité politique, grand mot qui cache de bien vilaines choses, comme sa sœur vénérable, l'infaillibilité religieuse. Et voyez comme les grandes folies humaines se ressemblent en tout point.

La constitution reconnaît l'infaillibilité d'un Bonaparte — et ce dernier, amère dérision, succombe au premier échec.

Des hommes, que l'histoire jugera sévèrement, proclament l'infaillibilité d'un vieux bonhomme de quatre-vingts ans, et aussitôt tout ce vaste et magnifique échafaudage, où la science jésuitique avait apporté ses dernières ressources, s'écroule comme par enchantement.

La chute de Bonaparte et celle de Pie IX sont un immense défi jeté par les peuples à la tyrannie, sous quelque forme qu'elle se présente.

A nous l'énergie maintenant, — à nous l'avenir. Apportons la hache qui détruit et le génie qui fonde, et suppléons, par une persévérance opiniâtre, ce qui peut nous manquer encore d'instruction et de désintéressement.

Aujourd'hui, guerre sans trève ni merci à tous

les préjugés! Secouons notre torpeur, notre passivité. Combattons sans relâche et par tous les moyens possibles l'infaillibilité politique et religieuse. La mort de chaque Prussien est une page sublime contre l'infaillibilité politique. Guillaume est le caporal de Dieu; erreur, erreur grossière. Guillaume, pas plus que Bonaparte n'a le droit de faire égorger les hommes par les hommes. Que le présent nous édifie! Nous avons dans le cœur de la France, le pillage, l'incendie, l'assassinat et le viol, tout cela organisé, non plus comme l'aurait fait tout bonnement un Cartouche, un Mandrin; non, tout cela organisé sur une vaste échelle, comme il convient à de dignes émules des Alexandre et des Napoléon Ier.

Et le peuple fournit ces masses humaines qui s'entr'égorgent, et la mère éplorée envoie son enfant, et l'épouse échevelée envoie son époux, et le vieillard, au seuil de la tombe, envoie son unique soutien; et ces pauvres petits enfants sont abandonnés par leur père... .

Le canon gronde, la mitraille commence la vaste boucherie humaine, et des monceaux de cadavres couvrent la plaine, et le sang rougit les eaux du fleuve, et tous ces hommes, hachés, brisés poussent d'horribles hurlements, et le vandale triomphant, ivre de sang et de poudre, vient souiller ces femmes et ces filles éperdues, fusiller les vieillards, incendier nos maisons, — et le roi infaillible fume tranquillement la cigarette. Et le roi infaillible cherche sur une carte une autre province où il pourra semer encore et pillage et carnage. Et nos villes sont détruites, nos ponts écroulés, nos chemins de fer coupés, notre commerce intérieur anéanti. Les populations fuient épouvantées devant les hordes des envahisseurs, que des bandits qui déshonorent l'espèce humaine, les Guillaume, les Bismark lancent sur nous avec un cynisme et un sang-froid qui glaceront d'horreur les populations futures.

Et tout cela, sachez-le bien, tout cela parce que les rois sont infaillibles, parce que vous leur donnez pleins pouvoirs.

O peuple français, et vous nobles et intelligents enfants de la Gironde, comprendrez-vous enfin que c'est folie que de confier la direction suprême de nos destinées à un seul homme?

Et si cet homme est fou, idiot, s'il est Caligula, Néron, Bonaparte! Il désire que le peuple n'ait qu'une seule tête pour pouvoir l'abattre d'un seul coup et nomme son cheval pontife et consul.

Il empoisonne sa famille, incendie la capitale, joue la comédie sur le théâtre.

Il fait le 2 décembre, place sur le trône de France, une courtisane espagnole qu'il féconde par une substitution, fait le plébiscite et la capitulation de

Sedan, et mène ensuite une joyeuse vie à Wilhelmshœhe.

Et c'est vous, habitants des campagnes, qui, sous la direction d'un délégué de Bonaparte (le maire), avez nommé le public législatif, idiot, ignorant, mal éduqué, jésuite, fanatique, égoïste, insolent, ignoble produit des ignobles procédés du gouvernemet personnel. C'est vous, qui par vos votes, par votre sotte croyance à des complots, dont les chefs ont toujours miraculeusement échappé à la justice d'un Piétri, avez provoqué ces pasquinades de mauvais goût qui se jouaient dans les conciles politiques et religieux (guerre aux Prussiens, infaillibilité de Pie IX).

La royauté a enfanté les mêmes maux, à nous à éviter les errements du passé — à nous l'avenir — nous avons à combattre par nos votes, les partisans de Bonaparte, — les indifférents — les nouveaux jacobins et cordeliers — tous gens dangereux à différents degrés.

Nous avions les sénateurs — n'oubliez pas qu'ils touchaient 30,000 francs par an, — pour applaudir, les yeux fermés, les actes du maître.

L'empire, né du 2 décembre, avait besoin de s'étayer solidement. Il choisit, parmi les plus souples, les plus intéressés, de solides et vigoureux gaillards, qui, pour 30,000 francs, se chargent de crier bravo, pendant toute une année, avec un ensemble digne d'une meilleure cause. Tous ces braves gens qui ont poussé ce cri lugubre : A Berlin! à Berlin! ce qui nous a valu l'invasion, regrettent sincèrement l'Empereur, pardon, je veux dire les 30,000 francs.

La République ne sera pas aussi généreuse.

Amiraux, généraux sont pour la plupart dans le même cas.

Le public législatif, dont j'ai déjà parlé, se trouvait fort bien au palais Bourbon.

Tous ces bâtards politiques, les Morny, les Rouher, les Ollivier et Cie, regrettent sincèrement l'Empereur, je me trompe encore, regrettent dis-je, l'or qu'il leurjetait avec tant de grâce et de bonhomie, aux dépens du pauvre peuple.

Tous ces Préfets, tous ces Maires, petits tyrans chacun dans sa sphère, et qui singeaient si bien le maître regrettent le pouvoir.

A nous à veiller, — garde à vous, électeurs Girondins, garde à vous au moment du vote.

Les indifférents, ceux-là, ont sanctionné le 2 décembre, ceux-là, ont voté le plébiscite! est-ce assez?

Nous n'aurons plus le complot affiché à la porte de chaque mairie; mais nous aurons les menées sourdes, hypocrites de tous les séides du pouvoir personnel.

J'ai nommé les jacobins et les cordeliers, — inutile d'insister. Quelques misérables ne sauraient imposer leur volonté à la France. Les bonapartistes et le clergé s'en servent comme d'un épouvantail.

La République !!!

Mot magique qui n'a pas été défini!

Mot qui épouvante les méchants et rassure les bons!

Mot qui veut dire, amour réciproque des hommes, soulagement des malheureux, charité du riche, dévouement à la Patrie.

Haine au despotisme, — à l'hypocrisie

La chose publique — nous ne sommes en France qu'une grande famille — si la famille est prospère, florissante, puissante, les membres sont heureux.

La République — où le riche aide le pauvre — où le pauvre aide le riche — sans arrière-pensée.

La République — proscription des besoins factices.

La République, où chacun doit vivre en gênant son voisin le moins possible.

Enfin, la République, dont la principale devise est celle-ci : aimez-vous les uns les autres — faites à autrui ce que vous voudriez qui vous fût fait. Car, ne l'oublions pas, le Christ est le premier républicain du monde.

La religion chrétienne d'aujourd'hui ne ressemble pas plus à la religion du Christ, que le Pape ne ressemble lui-même au Christ.

Ceux qui vous disent que la république est la révolution, le pillage, le désordre, le partage des biens, ceux-là vous mentent effrontément. La Terreur n'était pas la République — les journées de juin n'étaient pas la République.

L'honnête homme, seul, aime la République. L'ambitieux et le bandit des rues la maudissent.

Où sont la révolution, le pillage, le désordre, depuis le 4 septembre ? Ils sont dans la royauté de Guillaume roi.

Le partage des richesses, voilà le grand mot dont se servent les ennemis de la République.

Soit, partageons : M. X... a cent mille francs, j'en prends la moitié. M. X... est économe, n'a pas d'enfants, il est très-intelligent. Au bout de l'année, M. X... a gagné beaucoup d'argent dans le commerce, fait de grandes économies.

Moi, j'ai quatre enfants, je suis paresseux, peu intelligent, joueur, etc., etc., après un an, il ne me reste pas vingt mille francs.

C'est absolument comme si on voulait qu'il n'y eût ni boiteux, ni bossus, — stupide.

Maintenons les divisions topographiques de la France. Chaque commune élit son Conseil municipal, qui choisit dans son sein maire et adjoints.

Les Conseils municipaux élisent, au canton, les conseillers généraux qui choisissent dans leur sein préfets et sous-préfets.

Les Conseils généraux nomment les ministres qui choisissent dans leur sein un président de la République.

1° Serment solennel par tous les membres de la Constituante en présence du peuple, de repousser, par tous les moyens en son pouvoir, toute proposition tendant à rétablir la royauté en France; même serment de ne traiter la paix que lorsque l'ennemi aura été refoulé au delà des frontières.

2° Entrer immédiatement en relation avec toutes les républiques du monde, pour former une ligue offensive et défensive;

3° Liberté absolue des cultes.

Pour cela faire, séparation complète de l'Etat et de l'Eglise qui sont nécessairement distincts.

Mon royaume n'est pas de ce monde, a dit le Christ.

Mon royaume est uniquement de ce monde, dit la République.

4° Plus de tirage au sort. Tous les citoyens soldats de vingt à trente ans : 3 ans dans l'armée active ; 2 ans dans la première réserve, 5 ans dans la seconde ; puis les gardes nationales sédentaires qui, à un moment d'invasion, pourraient être mobilisées.

Chaque arrondissement doit former son régiment. Chaque département sa brigade. Régulariser l'effectif des régiments d'arrondissement à arrondissement, de département à département. Vous éviteriez ainsi beaucoup de frais de déplacement. Pensez-vous donc que l'enfant de Bordeaux ne sera pas tout aussi bon soldat à Blaye, à la Réole qu'à Lille, Marseille ?

Il faut, bien entendu, excepter de cette mesure les corps spéciaux tels qu'artillerie, etc.

Pourquoi chaque sous-préfecture n'aurait-elle pas sa caserne ?

5° Donner cent mille francs par mois au président de la République, cinquante mille aux ministres.

Plus de cumul d'emplois rétribués (je veux parler des emplois qui donnent plus de 6,000 francs.)

Suppression d'au moins la moitié des employés

dans les bureaux des diverses administrations : vous pourriez payer ainsi un peu plus convenablement ceux qui resteraient, et vous auriez des employés sérieux et occupés; et vous obligeriez le propriétaire aisé à garder son fils auprès de lui, et à en faire un bon cultivateur.

6° Décentralisation, dans une certaine mesure, des pouvoirs ministériels.

Le Conseil municipal doit gérer seul les affaires de sa commune.

Deux ou plusieurs communes ont-elles une affaire en commun, s'en référer au Conseil général.

Le Conseil général doit gérer seul les affaires de son département.

Deux ou plusieurs départements ont-ils une affaire en commun, s'en référer au ministre.

Vous éviterez ainsi toute tendance à la concentration du pouvoir et vous sauverez la République de la griffe des tyrans qui se préparent à éclore.

Voici le moment suprême, électeurs girondins, — pas d'hésitation, — réveillez-vous, — et si la honte de votre dernier vote au plébiscite est incapable d'enflammer votre patriotisme, inspirez-vous de la présence des baïonnettes prussiennes.

Aux armes, tous! un bulletin à la main gauche,

nn fusil à la main droite. Ces deux armes ont la même importance.

Votre bulletin ne doit porter que le nom d'hommes qui, par leur énergie, puissent vous sauver immédiatement et nous régénérer dans un avenir prochain

Votre fusil ne doit renfermer que des balles qui tuent les Prussiens.

N'écoutez pas ces hommes que je ne veux pas qualifier, qui font métier de la critique, qui reprochent au gouvernement de la défense nationale d'employer tous les moyens pour sauver la Patrie. Ils oublient donc que ces hommes se sont jetés au gouvernail au moment où le navire sombrait. Que l'urne soit à votre porte, qu'elle soit à 20 kilomètres, peu importe. Quel est le citoyen français, qui, vraiment dévoué, hésitera à marcher trois, quatre heures, un dimanche, un bulletin dans sa poche, pour porter son contingent de force à la Patrie terrassée, lorsque nos enfants, nos frères, fournissent chaque jour pour cette même Patrie 30 et 40 kilomètres d'une marche forcée, avec 30 kilos sur le dos, un fusil à la main, souvent ne mangeant rien de toute la journée? Et il se trouve en France, à Bordeaux, des hommes qui..... mais, passons, — honte à eux.

Nous avons confiance au patriotisme du paysan. Que celui qui n'aura pas le cœur de marcher au canton pour porter un gramme de papier, que celui-là reste. Croyez-vous que ce lâche prendrait un fusil à l'approche des uhlans? Nous n'avons pas besoin de ces hommes. Ce sont eux qui ont voté *oui*, qui ont dit à l'infâme Bonaparte : « Déclarez la guerre aux Prussiens. »

A nous, les vrais électeurs de la Gironde, à nous la besogne. Ne nous arrêtons donc pas dans ces suprêmes circonstances à des considérations aussi puériles. Laissons aux ennemis de la République le soin de mesurer, en kilomètres, la distance d'un chef-lieu de canton à la maison de chaque électeur, — A nous encore une fois la besogne sérieuse.

Je me résume :

Serment solennel de repousser toute royauté ;

Ligue offensive et défensive avec toutes les républiques du monde.

Liberté absolue des cultes.

Plus de tirage au sort. Tous les citoyens soldats.

Traitements convenables, mais économie sévère des deniers de la République.

Décentralisation progressive des pouvoirs.

Voilà votre mandat, futurs membres de la Constituante. Ayez l'œil vigilant, la main ferme, le cœur prêt à tout événement, — pas de défaillances.

Attila nous a envahis avec ses hordes barbares.

Catilina est peut-être à nos portes avec ses satellites.

Que les enfants de la Gironde se montrent dignes de leurs aïeux de 89. Prouvons que nous ne sommes pas abâtardis, mous et efféminés comme le proclament bien haut les bandits qui sont venus nous égorger six, huit contre un.

Et vous, ombres chéries et vénérées des Vergniaud, des Guadet, des Gensonné, qui planez sur la cité bordelaise, couvertes d'un long voile de deuil, inspirez-nous votre patriotisme !

Nous voici ; déchirez vos voiles noirs, — retirez votre main prête à nous maudire, — nous voici la main gauche à l'urne, la droite sur la détente du chassepot !

Le vandale pâlit !!

O France, ô ma patrie bien-aimée, relève ton front humilié, secoue les souillures de l'ennemi, brandis le drapeau de la vengeance !

Voici tes enfants.

DUTILH.